최중태 詩集

순례하는 물

새로운사람들은 항상 새롭습니다.
독자의 가슴으로 생각하고 독자보다 한 발 먼저 준비합니다.
첫만남의 가슴 떨림으로 한 권 한 권 만들어 나가겠습니다.

순례하는 물

초판1쇄 인쇄 2009년 6월 25일
초판1쇄 발행 2009년 7월 1일

지은이 최중태
펴낸이 이재욱
펴낸곳 (주)새로운사람들

편집실장 김승주
디자인 이세은
마케팅 · 관리 김종림

등록일 1994년 10월 27일
등록번호 제2-1825호
주소 서울 용산구 효창동 5-3번지
대신빌딩 2층 (우 140-896)
전화 02) 2237-3301, 2237-3316
팩스 02) 2237-3389
http://www.ssbooks.co.kr
e-mail/ssbooks@chol.com

ISBN 978-89-8120-344-3(03810)

* 책값은 뒤표지에 씌어 있습니다.

최중태 詩集

순례하는 물

새로운사람들

차례

오디세이 2003, 겨울

네 자신을 알라
신탁이 끝나자
한때 천둥소리처럼 우렁찼던
매수 주문이 끊기고
주가는 지옥을 향해 바닥을 친다
더 이상 속된 것으로의 타락은
용납치 않을 것이라는 경고처럼
시세판에 빨갛게 불이 켜지고
꾼들은 땅이 꺼져라 한숨을 쉬며 주차장으로 하강한다

그리하여 죽은 듯이 잠들어 있던 차들에 다시 시동이 걸리고
아내를 찾아 명부로 내려갔던 오르페우스처럼
FM 음악과 함께 서서히 땅 위로 솟아오른다.
그러나 도심의 요지는
벌써 돈의 흐름을 차단하고 선 대형 금융사들에 점거당한 채

갈 곳 없는 일몰의 시간만이
네온의 가장자리를 따라 영원으로 추락한다

저녁은 차가운 이성의 셔터를 내리고
바쿠스의 신전에 잔을 올리는 시간
스스로 봉헌 예물이 되기로 작정한 아가씨들이
지성소보다 더 깊은 곳으로 은밀히 숨어든다.
돌아보지 마
소금 기둥이 되어 버리지 않으려면
단단히 안전벨트를 묶고 이 거리를 벗어나야 해
자유의 이름으로 핸들을 쥔 손이 부르르 떨린다.

통제된 길 위에
어둠은 내일의 걱정으로 더 무거워지고
세상사의 충격 때문일까

미친 듯이 신호등이 발광하는데
언제쯤 끝날지 모르는 상황 위로
추적추적 비 내린다.

세월

산은 저만치서 가만히 흘러가고
물은 저만치서 조용히 멎어 있는데
그 속에 푸른 솔 한 그루는 멎어 있는 걸까, 흘러가는 걸까?

유년의 여름

초복 지난 한 이틀 뒤쯤
바짝 든 해가 무더운 오후

물놀이하는 아이들의 소리가 햇살보다 왁자하다.

유년은 아직 푸른데
절기는 벌써 입추다.

달과 까마귀

산중 보름달이 홍시보다 더 고와
까막까치도 차마 한입 베어 물지 못함인가
저만치 비껴서 나는 태가 먼 산 잔등 같다.

난전에서

문득 돌아다보니 한참을 지나친 듯한 저녁
눈 끔벅하는 사이 해도 저만치 기울었는데
낮술에 물팍이 삭았는지 종일을 주저무른다.

11월의 세레나데

아직도 바람 속에서는 호궁 소리가 났다
마른 가지 끝으로 언뜻 달이 보였다 사라지고
마지막 남은 잎새 한 장
응급환자의 링거처럼 떨고 섰다.

삼동의 초승달

무슨 원한이 있어 칼을 베어 물었을까
등골이 오싹하는 냉기에 술이 깨는데
아직도 남은 원이 있는지
마당까지 따라 들어온다.

저녁 무렵

돌아오지 않는 아내를 기다리는
시장기가 짜증스럽다

춘분 지나
해는 한 발이나 늘어졌는데

아직도
꿈속의 꿈에서 헤매나
이 꼭두야!

비가비 권삼득을 추모함

너름새할 네 발짝 한 장 자리면 족한데
양반은 무슨 얼어 죽을…
그것도 사슬이여
덩덕궁 중중모리 장단에 맞춰 제비 후리러 나간다.

광대가 천하다고 소리마저 천할손가
비가비 된소리는 하늘을 뚫고도 남아
흥보전 설렁제 더늠이 아직도 푸르다.

혜화동 성당 앞에서

비에 젖은 암각화 속으로
양떼를 끌고 목자 지나간다.

나는 길이요, 진리요, 생명이라는데…

꽉 막힌 데모길 정체
언제 풀릴지 아득하다.

가을비

세상에 빗금 쳐 지울 일이 그리도 많을까
아침부터 주절주절 쉬지 않고 사설을 푸네
웬만큼 할 소리를 했으면 그만 얼굴 푸시지.

가을 설악

하늘나라 어디서 카퍼레이드라도 벌였는가
산 골짝골짝 마루마루마다 각양각태의 색지, 색지들
바람도 환호성을 멈추고 입 다물어 고요하고…

시지프스의 신화

여름 내 담을 오르던 넝쿨이 뒤를 돌아다본다

조심해
아득하잖아
추락하면 끝이야

그래도 새 봄이 오면
버릇처럼 다시 손 내민다.

봄비

겨우내
우리 사랑하지 못한 죄
씻겨질 수 있다면

저 춤추는 나뭇잎들
노래하는 새들처럼

부활절
무덤 속 같은 가슴을
난도질하며 내리는 비.

개꿈
– 버스 안에서

낯선 여자와 엉덩이를 붙이고 앉아
가상을 현실과 혼돈한다

창 밖은
막힌 하수구를 뚫는
공사 중 팻말

몽롱히 낮술에 취해
한 폭
춘화 그린다.

조사
– 서벌 선생님 영전에

선생님!
무엇이 그렇게 급해 이리도 총총히 떠나신단 말입니까
아직은 아침,
해도 중천에 이르지 않았는데
그 많은 가락과 노래는 들려주시지도 않은 채

선생님은 저에게 예사 선생님이 아니셨습니다.
당신의 살을 찢어 먹여 주시고
뇌수로 기름지게 하셨으니까요
그런데 저는 잠시도 선생님의 병을
대신 앓아드리지 못했습니다.

용서해 주십시오.
이 속된 것의 어린 마음을…
이생의 섭섭함과 아쉬움은 다 거둬들이시고

편안히 아무 걱정 없이 떠나시옵소서
그러나 너무 바삐 서두르지는 마십시오

아직도 가슴 깊이 잊지 못해 안타까워하는 이들을 위해
가끔은 구름 너머 해처럼 얼굴도 보이시며
그렇게 부디 그렇게 천천히 떠나십시오.

십자가

그대 숨결에 흔적도 없이 사라져 버리는 고통
멀리 별똥별처럼 자신을 불태우고
마지막 눈을 감아야 보이는 말씀의 상징.

늦어도 11월에는

용서해야지
저 잎이 다 지기 전에
이 계절이 마지막이라 생각하며
살아 있는 것들의 따스한 숨결에
감사해야지
미움은 그 사람에게만이 아니라
나에게도 독이 된다는 사실을 깨달은 후

논두락 검불을 걷어 활활 불을 놓는다.

굳은살을 떼어 내며

이제, 그만 잘라야 하는 것 아닌지도 몰라
뿌리까지 파내려 했다가는
생살까지 도려내게 될지도 모른다는
불안감에 움칫 한다

반백을 살다 보면
거푸집도 틀어진다는데
그까짓 가을바람에 물 내리고
촉촉하던 살 굳는 일
그렇게 남우새스러운 부끄러운 일도 아닌데
무얼 그렇게 잘라 내려고 애를 쓰는가

어차피 육신이야 내 뜻대로 만들어진 것도 아니니
그냥 두시고
내 안의 마음이나 제대로 간수하시지.
굳지 않게…

11월이 가기 전에

사랑한다면
정말 사랑한다면… 하는 생각에
펴려던 손을 다시 오무린다

소유하는 것이 진정한 사랑이 아니라면
그냥 날아다니도록 버려 둬야 해
그리고 아직은 혹한기도 아니잖아
벌써부터 주어지는 알곡 몇 오리에 길들여진다면
세상 끝 같은 추위가 밀어닥치면 어쩔 거야
생명은 그렇게 쉽게 손을 놓을 수 있는 게 아니잖아
11월에는 내 곁의 작은 것들이 멀리 날아갈 수 있도록

사랑을 감추어야 한다.
진정한 사랑이라면…

밤섬 소견
– 외국인 근로자들을 생각하며

아직은 삼동의 절정
손이 시린 그 물살에
햇살이 조이 펴져도
나아지지 않는 체감온도
이저런 규제에 묶인 억새만
겨울을 나고 있었다

텃새들은 벌써
주민등록만 남긴 채 떠났고
철새들도 서너 달
사글세로만 살다 가는
그 섬에 낯선 풀들이
싹을 틔우고 있었다.

당부

– 딸아이에게

바람이 분다고 해서
같이 들썩거리지 말아라

아직은 땅이 차가워
별을 믿기 어렵니라

산사에서

저녁나절 새들은 천수경 소리를 따라 돌아가고
어둠이 빈 골짝으로 결가부좌를 틀고 앉으면
이 뭐꼬 고칙古則 한마디에 물소리마저 잠잠해진다.

정오

모두가 바빠서 시간이 없는 한낮
그림자마저 내면으로 더 깊이 침잠하고
아찔한 현기증 속으로 사라져 버리는 현실.

별

너무 빨리 반짝이는 지상의 존재들에게
움직이지 않는 존재의 위대함을 묵상케 하려 함인가
드넓은 바다 저 너머로 개밥바래기가 눈을 떴다.

잔설

산이 산을 보듬어 안고
산이 산을 등에 업고

뼈마디 뼈마디가 구루처럼 불거 터졌다

인욕의 차마 못 볼 흔적들이
유골처럼 하얗다

덕구온천 가는 길

때아닌 호사가 꽃처럼 난만한 연휴
자유를 충동하는 영혼의 속삭임 따라
순례길, 중생重生의 비의를 찾아 일상과 결별한다.

태양은 자유의 품 위에 드높이 작열하고
온 산하에 가득한 축복의 열매, 열매들
물소리, 그마저 기도하듯 경건하게 흐른다.

산은 시류에 변치 않는 진리처럼 굳건하고
날마다 말씀에 힘입어 새로워지는 바람
그 모든 자연의 섭리에 삶이 문득 새로워진다.

전쟁과 적

전쟁이다
세상이 온통 아수라장이다
그러나 적은 나다
공짜를 바라는 도둑놈 같은 심뽀와
권력 위에 우쭐하고 싶은 교만,
헛되이 명예를 탐하는
그 모든 그릇됨을 버리지 못한
내가 죽어야 할 놈이다.

모란장 회억回憶

소금을 듬배기로 쏟아 부은
내장이 흐물흐물하는
물간 생선이며

눈이 새빨간
용궁도 아무 탈 없이 다녀왔는데
재수 없이 올무에 채인
토끼며

맞아 죽은 것만 해도
피를 토하게 억울한데
껍데기까지 시커멓게 불에 그을린 똥개…

세상에 먹지란 먹지는
없는 게 없는 것 같던데

그래도 죽은 놈들은 당당하더라
산 것들이 지지궁상이지.

망상

꿈길을 밝힐 작정인가
망상의 둥근 저 달은
그림자 없는 인경소리를 따라
즈믄 강으로 빠져든다
저 물의 인연이 다하는 날
토끼 한 마리 깨어날까?

쌍계사의 5월

– 지난 봄 논산에서

신록이 화엄장으로 온통 깨달음에 들어
노숙老宿도 새삼스레 초발심으로 돌아간다
명부전 목불 여래는 상기도 평상심인데…

겨울 이야기
– 호미의 노래

저 노래들이 끝나고 나면
줄이 풀려 케이스 속에 수장되는 현악기처럼
지금은
들리지 않는 내면의 소리를 듣기 위해
영혼의 눈을 떠야 할 시간

세상의 더러운 먼지 염습하듯 깨끗이 닦이어
녹슬지 않도록 기름 발리어 가만히 누운 선반 위로
못 구멍을 뚫고 들어오는 한 가닥 겨울 햇살이
눈물겹도록 고마운 이 추위

고독은 비로소 내가 누구인가를 알게 한다

아 언제쯤일까
강이 풀리고

세상의 온갖 더러운 것들
땅에 버려져 썩어갈 때
온몸에 악취 풍기며
나도 그들과 함께 썩어갈 그날이.

순례하는 물

1.

어둠 속
어쩌면 시간보다 먼저 존재했을 법한

땅속 그 깊은 곳에서부터
살풋 몸을 일으켰지

생성은 그렇게 본성을
거역하는 것이던가

그러나 첫 보금자리는
하늘 한쪽도 다 들앉지 못하는

꽃 같은 남루를 외면할 수 없는 작은 웅덩

더 넓은 세상을 향한 출발은 숙명적 선택이었다네

2.

세상으로 나가는 첫 관문은
생각보다 험난했었지

단층,
그 생각과 생각이 끊어진 절벽에서
꽃처럼 온몸을 던져 푸른 의지를 시험하노라면

살점은 찢겨져 거품처럼 뭉그러지고
고통의 비명은 메아리조차 되지 못한 채
드높은 청춘의 기상은 무지개처럼 산화되어 갔다네

3.

그리하여 개활지,
잠시 잰 걸음을 멈추고
만신창이가 된 몸에 충분한 휴식은 아니었지만
그 누가 먼저랄 것도 없이 또다시 어깨를 걸면

오 흐름 위에 보금자리 친 푸른 눈들 깨어나
무심하면 그뿐인 세상일들에 관심을 가지고

저 멀리 현실의 지평 위로 별 하나 떠오른다

4.

이제는 더 낮은 곳을 향해
깃발처럼 앞장서야 할 시간

외로운 선구의 뺨을 때리는 바람소리
무지의 깊은 잠으로부터 절망이 눈을 뜬다

결국 내 나로 인하여 슬퍼할 수밖에 없는 존재
죽음이 생명을 요구하는 부조리한 강제에
강물은 시간의 경계를 넘어 범람을 획책한다

5.

모든 게 멈추어 버린 평등의 종착역
기다리며 사는 존재들의 마지막 희망 같은 바다
마침내 심신의 모든 허물이 하중을 벗는다

이제는 그 누구도 스스로를 농락할 수 없는
오류도 변증도 시간의 굴레를 벗는
마지막 안식의 문을 지나
또다시 순례의 길에 오른다

칩거

하지절은 해가 길어
백일몽이 지겹다

조금은 숨을 쉬도록
세상을 떠나볼까

가만히 방문을 닫고
경허鏡虛를 읽는다.

일어나라 청조靑潮여!

1.

처음에는 우리 모두 아주 작은 물방울들이었지
그래, 우리 모두 가슴 가득 하늘을 품은
작은 물방울들이었어

산골 마을에서
바닷가에서
섬에서
태양처럼 웅대한 뜻을 품고
출세간의 길을 나선
작은 물방울들이었어.

2.

세상으로 나아가는 길 험난하여
때로는 꽃을 피워 보지도 못한 채
아무런 결실도 없이
무지개처럼 산화하기도 했지만

한 순간도 좌절하지 않고
모두가 모두의 어깨에 팔을 걸고
하나로 흘러온 우리의 푸른 60년
청조여 일어나라
이제 더 넓은 세상을 향해 나아가자
우리 모두 함께 나아가자

3.

미래는 오직 꿈과 희망을 가진 자만의 것
어제의 영광과 결별을 선언하고
더 높은 이상을 향해 활짝 비상의 나래를 펴라
이제껏 아무도 경험하지 못한 더 넓은 바다를 향해
출발의 뱃고동을 울려라

지금은 새로이 준비하는 시간
다가올 백년을 위해
다가올 새로운 세상을 위해
우리 다시 작은 물방울로 돌아간다 해도
무엇이 안타까우리.
가슴 가득 하늘을 품은 그 작은 물방울이 된다 한들
무엇이 서러우리.

청조여 일어나라

다시 한 번
태양을 품은 그 뜨거운 가슴으로 일어나라.

살구나무 소식

금년 들어 내가 부쩍 많이 찾아간 곳 중에
산이 하도 첩첩이라 그 그림자가 푸르다 못해 맑기까지 하다는
산청군山淸郡 지리산 자락 아래
공양주 보살도 없이 구참 스님 한 분만 외롭게 살아가는
호불사護佛寺라는 절이 있습니다.

그 절 금당 아래
세월에 묵은 가지 다 잘리고, 밑둥걸만 돌부처처럼 남은
늙은 살구나무 한 그루가 있는데
하지절 어느 날 한밤중에 마른번개에 놀라 깨어 보니
글쎄, 그 살구나무가 여우같은 눈을 뜨고
웅석봉 잿머리를 바라보며
날이 새는 순간을 붙들기만 하면 낚아채려고
매처럼 날카로운 발톱을 세우고 있더란 말입니다.

사람도 아닌 살구나무 주제에
제가 무슨 수로 동트는 그 순간을 잡으려 하는 것인지
하도 어처구니가 없어서 나는 그냥 잠자리에 들었었는데
날 들어 열매를 보니 제법 노랗게 색이 들었습디다.

노대도

젊은 그림패들이 산말랭을 넘어 생선을 사왔다.

부잣집 맏며느리가 종손이나 낳아야
산국에 넣어 준다는 능성어

삶아 놓은 두상이 자주색으로 고운 문어

물질을 못나가 한 소쿠리도 안 차는 고기들을
바닥째 훑어왔다.

비오는 동비탈에서는
밤새 염소들이 울어 쌓고…

노대도 2

물귀신이 나와 사람을 바다로 끌어가도
모른다는 청명절 끝밤
콩알 같은 비가 밤새 텐트를 두드렸다

석유난로 심지를 있는 대로 돋우고 홑이불을 끌어다 덮어도
해토머리의 냉기를 이길 수 없어
또다시 니북산 진달래 소주를 딴다

손전등 아래서 바둑을 두는 일행들의
반상에는 아직도 밤이 창창한데
자부름에 고개가 찌처럼 끄덕거린다.

그래도 뱃길을 여는 고동 소리 한 점 없다

불유정佛乳井에서

웃지 마라
언젠가는 스스로도 자신을 경멸할 수 없는 날이 오리니
혼돈 속에서 춤추는 별을 보았다고 해서
냉소하지 마라
결국은 바람을 향해 침을 뱉는 것처럼
그대에게 돌아오리니
이제 그만 성스러운 눈자위를 열락의 샘에 던지도록 하라
그대의 시선이 그 샘에 던져졌다고
어디 그 물이 흐려지겠는가

샘물은 여전히 순수함으로 그대에게 화답하리라

주)
불유정이란 우물은 논산 인근의 대조사大鳥寺라는 절에 있는 우물 이름입니다. 그런데 이 우물에 얽힌 이야기가 재미있습니다. 원래 이 절에는 물이 귀해 스님들이 수행 정진을 하기가 힘이 들었다고 합니다. 그런 것을 인근 성당에 계시던 수맥을 잘 찾는 외국인 신부님 한 분이 오셔서 이 우물을 찾아 주셨다고 합니다. 이런 일이 있은 것이 불과 얼마 전의 일인데, 대조사 스님들이 대단한 것은 그런 과정을 하나도 숨기지 않고 우물 뒤에다 공개를 해 걸어 놓았다는 것입니다. 이슬람과 기독교가 촌보의 양보도 없이 싸우고 있는 중동을 보면서 다시 이 우물 생각이 나서 주를 달아 놓습니다.

3월에 내리는 눈

습기 찬 푸른 밤에는
썩은 과일의 씨앗 같은 별들이
흙피리 소리를 내는 무적霧笛처럼 울고 있다

주둥이 없는 물병에다 물을 긷는 물병자리 별을 봐도
가슴이 뜨거워지지 않는 까닭은
다우코닝 실리콘으로 가슴 성형을 한 까닭일까

마음이 바쁘다
두 별이 정동正東에서 하나로 겹쳐지면
마구 도는 세 방향의 톱니바퀴가 움직이기 시작하며
스핑크스가 불사조처럼 되살아난다는데

이 세상 어느 곳에도 참 평화는 없는 것일까
마른 나뭇가지 끝으로 쉴 새 없이 부는

전쟁 소식을 들으며

오늘도 불쌍한 영혼들은 불안에 잠식당한다

차를 마시며

칠 난 나주반에 우전 햇차가 올랐다
지리산 깊은 물이 고로쇠보다 맑고 달아
바람이 풍경을 치며 구름을 데불고 온다.

예감

추워지면 모든 것들이 핵심 속으로 응집한다
더럽고 추한 것들은 그 모습대로 버려진 채
깨끗하고 맑은 것들만 또 다른 세상으로 들어간다
낙타가 바늘귀를 빠져 나가는 것이 보인다
북극에서는 모차르트의 레퀴엠도 들을 수 있을 것 같다.
정말로 추운 세상은 수정처럼 맑을 것 같다.

해지는 제방 둑에 앉아

어둠이 내리는 저수지에는
아직도 햇살이 계음을 따라
물살처럼 오르내리락거리는데

빛과 어둠이 칼날처럼 갈라지는 둑에서는
어디서인지도 모르게 불어오는 바람을 따라
한 떼의 수양버들들이 허위적 허위적 가고 있었다

저만치 깊은 산속 어둠을 향해
가슴을 좌악 펴고 당당하게 걸어가는
나무 위의 부콰한 석양은
용기가 아니라 만용

시간을 거슬러 갈 수 없는 길을
꿈속처럼 가고 있었다.

이 세상 그 어느 바다에도
닿지 않을 강물처럼.

봄 산

졸졸 귀에 익은 물소리
아직도 차가운데

갈버텅 가장으로
이끼 촉촉 돋는다

바람에 복사꽃 떨어지니
장주莊周의 나비꿈인가

춘정春情

비단 치마 속은
사철 봄이라는데

황매우黃梅雨 사근대는 소리에
온몸이 자지러진다

자목련
화장을 지운 얼굴이
상기도 농염하다.

지하철에서의 이별

안녕 하고 돌아서는
그대 발 앞으로
파충류처럼 길게 들어오는 지하철

스크린도어의 이중문이 열리고
그 속으로 빨려 들어가 형체도 없이
어둠 속으로 사라져 버리면
텅 빈 승강장엔 귀가 멍한 굉음만…

그 어느 사랑의 행성에 떨어진 별똥별처럼.

의고擬古

소쩍새 울음소리에 달이 둥싯 떠올라
베개를 안고 돌아누우니 이번에는 계곡 물소리
저 소리 무정하기는 소쩍새보다 못할손가

달은 뉘엿 산을 넘는데 물소리는 여전하다
그 물에 씻긴 어둠 파르라니 동트나니
간밤에 소쩍새 울음은 꿈속인 듯 가뭇없네.

춤

나는 춤을 잘 추지 못한다.
해서 유치원 율동 시간에는 매번 쥐구멍만 찾았다.
사춘기를 지난 후에도 달라진 것은 없었다.
여전히 포크댄스의 동작은 지그재그였고
뜀틀은 구름판의 타이밍을 놓쳐
걸터앉기가 일쑤였다.

나는 그런 내가 싫었다.

그런데 며칠 전이었다.
지리산을 내려와 서촌 마을 입구에서 버스를 기다렸다.
특별히 그렇게 좋아할 것이 있는 날도 아니었다.
대기는 닥쳐올 장마로 후텁지근했고
정오를 약간 지난 시간은 모든 것이 휴식에 든 듯 조용했다.

무료함을 달래기 위해 길 건너 감나무들을 보니
쏟아지는 햇살 아래 녹색의 윤기가 자르르한 감나무 잎들이
한들한들 춤을 추고 있었다.
어쩌다 바람이 세어지면 잔가지까지도
함께 흥이 나서 건들건들했다.

어깨가 들썩거릴 만큼 기쁜 일이 있는 특별한 날도 아니었다.
그저 평범한 또 하루의 오늘이었다.
그런 날, 나무는 바람 따라 춤을 추고 있었다.

장마

장맛비가 내리는
하지는 유난히 낮이 길었다

복지센터를 찾은 늙은이들은
아침부터 빗방울보다 더 굵은 소주를 부어내리며
장애인 셔틀버스 정류장에 앉아
돌아오지 않는 시간을 기다리고 있었다

씹을 것도 없는 열무김치를 질겅거리며…

지겹도록 내리는 비가 사람을 들이지 않는 것도
세월에 몰골이 풀기 빠진 종이컵처럼 돼버린 것도
모두가 다 정치하는 놈들의 잘못인 듯
틀니마저 없어 잘 알아들을 수도 없는 불평을
종일 궁시렁대고 있었다.

궁시렁,
궁시렁 궁시렁
궁시렁
궁시렁 궁시렁…

후회

나는 음악에, 철학에 맹목이 아니라 하면서도
아무것도 보지 못한 채 살고 있다

무한한 가능성을 향해 열린 길을 자유롭게
달리는 바람도
신비로운 의식을 위해 마술적 춤사위를 내보이는
수많은 나뭇잎들의 푸른 율동도
사랑을 부르는 이름 모르는 산새의 애절한 울음소리도

나는 내 안의 네모난 액자로만 인식할 뿐이다.

자유롭다느니
푸르다느니
애절하다느니
실체도 없는 속성을 제멋대로 정의하면서

사유의 기계적인 동작으로
그저 청맹과니처럼 볼 뿐이다.

목도

– H자동차의 파업 기사를 보고

멈추어 선 생산라인 위에
벗어 놓은 장갑들을 보면
내 어릴 적 목도꾼들의
울력 소리가 들린다

어야
어엿차

홍두깨 같은 목도채를 어깨에 걸고
한 자국씩 걸음을 옮길 때면
굵은 땀방울이 동백처럼
뚝뚝 땅으로 떨어졌다

어느새
내 속의 불씨 네게 전해져

한가지로 거칠어지는 호흡
누가 먼저랄 것도 없이
어야! 하고 선소리를 매기면
금새 주저앉을 것처럼
다리를 후들거리면서도
어엿차 하고 뒷소리를 받던
그 어른들의 따뜻한 울력 소리가 들리는 듯하다.

나는 이런 사람이었으면 좋겠다

비 오는 아침
문득 거울 속의 나를 보고는
정말 떠날 때는 어떤 모습이어야 할까 하는 생각이
심각하게 들었다.

제발, 무슨 기상이변이라도 생긴 듯
요란스런 저녁노을로 사라지지 않았으면 좋겠다.
아무런 조짐도 없이 사라져 버리면
그것 또한 사람들의 의구심을 불러일으킬 터이니
그저 매일 저녁의 그 석양처럼 예사롭게
사라질 수 있었으면 좋겠다.

위대한 능력의 사람으로
온 세상이 텅 빈 것처럼 상실감을 안겨 주었다가
금세 잊히는 그런 사람으로 기억되기보다는

다정한 친구들이 함께하는 술자리에
허전한 옆자리로 생각나는 그런 사람이었으면 좋겠다.

아내에게는 지랄스런 사랑은 없었지만
그래도 때로는 마늘도 찧어 주고, 집안일도 거들어 주던
그런 남편으로 기억되었으면 더 이상 무엇을 바라겠으며
딸아이에게는 성공한 아버지로서가 아니라
올바르게 살려고 무척 노력했던 아버지로만
비쳐진다면 더 이상 고마울 것이 없을 것 같다.

시인이라고 해서 모든 사람들이 좋아하는 작품으로
기억되고 싶은 생각은 없다.
그저 시보다는 사람이 더 괜찮았다고 기억해 주는
사람들이 많았으면 좋겠다.

그리고 제발 나로 인해 손해를 봤다는 사람이 없었으면 좋겠다.
작으나마 나를 통해 덕을 봤다는 사람들보다는
나로 인해 고통당하고, 어려운 지경에 빠진 사람만 없다면
더 이상 용서받아야 할 죄는 없지 않을까

나는 그저 그런 사람으로만 살았으면 좋겠다.

난감

아직은, 문이 열리지 않은 어두운 길을 간다
꽃들은 바람에 떨어지고
빗방울 발끝에 무거운데
누가 기다리기라도 하는 것처럼
계곡 깊은 곳으로

마을 불빛들은 등 뒤로 아스름하게 사라지고
온 골짜구니의 개구리 울음소리 딱 멎자
산이 일어나
곰처럼 사람을 덮친다
달도 없는 계곡 물소리는 점점 드세지는데

산 비는 싸늘하게 내리고 산장은 상기도 멀다.

겨울나기

1.

하늘은 아직도 칠흑같이 어두운데
정수리 위에 뜬 별 하나
눈물보다 시리다

겹겹이 옷을 껴입고
보안등이 가물거리는
언덕길을 내려가노라면
허술한 옷 틈을 비집고
숭숭 바람이 들이친다

춥다
절로 어금니가 앙다물어지게 춥다

2.

5시 12분발
안산행 첫차는 아직 들어오지 않았다
그래도 지하라
훈기가 남은 플라스틱 의자에 앉아
대설이 지나도록 큰눈이 내리지 않은 것에 감사하며
언 손으로 언 뺨과 언 귀를 문지른다

3.

생각하면
죄 없이 징역을 살면서도
아침이면 냉수욕으로 자신을 닦는다는
그 친구를 생각하면 부끄럽다
나는 언제까지 이렇게 살아야 하는 것일까
아직도 겨울이 터널만큼이나 까마득하게 남았는데…

비

적요가 몇 만 리쯤 쌓이면 비가 되는 것일까?
풀벌레 울음소리도 딱 멎은 산사의 한밤
천지를 가득 메우고 탑돌이 하는 군중들 소리.

새벽에 쓰는 편지

나 비록
'죽은 왕녀를 위한 파반느' 나
'제망매가' 를 헌정하지는 못한다 해도
어찌
너의 죽음에 대한 나의 슬픔이
그에 미치지 못하리.

잘 가라
사랑하는 나의 누이여!
너는 간다 이르고 내 곁을 떠났지만
네가 가는 그 곳이
나 있는 이곳과 다르지 않은 세상임을 믿기에
나 비록 너의 모습을 보지는 못해도
별다른 걱정 없이 너를 보냈었니라.

그런데 새로 간 거기는 어떻니?
이승보다 지내기가 수월하니?
특별히 몸이 아픈 일은 없을 것이고
잘살아보려고 속 끓일 일 또한 없을 테니
그리 생각하면 편히 지낼 것 같기도 한데…
그래도 보지 못하니 걱정이 되는구나
하루하루를 지내기가 고생스럽지는 않은지…

여기는 한참 장마철이라네
이른 새벽에 일어나
사방 곳곳으로 떨어지는 빗소리를 들으니
유난히 비를 좋아했던 네 생각이 나
이렇게 들어주는 이 없는 사연을
몇 자 적어 놓는다네.

장맛비

울어도 속으로나 울지
꼭 그렇게 내보이려고

눈물도 아니 나는 눈물을
억지로 질금거리는

아버지 혼례청 앞의
젊은 계모 가증스런 눈물

나 또한 그 비에
후줄근히 젖은 지금

젊은 계모 그 나이에
발 디디고 들어서보니

비 아니 내리는 날에도
흥건히 가슴 젖는다.

소낙비 뒤

계곡 물이 한동안 산을 끌고 내려간 뒤
안개 걷히고 홀연히 밝는 아미타 세상
그 비에 세상이 씻긴 걸까,
아니면 내 눈이…

세차장 담쟁이

한여름 뙤약볕에 종잇장처럼 말라 버린
세차장 부직포 걸레 같은 노숙자들의 검푸른 손, 손들
뽀얗게 먼지를 쓰고 급식차를 기다리고 있었다.

낙서 혹은 정치 방담 같은
그 너절한 사설들
행간도 없이 빽빽하게 게시판을 가득 메워
한겨울 '지금변소' 는 흔적도 없이 사라졌다

호수의 달

밑바닥까지 박박 긁어도 글 한 줄 써지지 않는 날은
아직도, 얼마나 더 가야할지 모르는 인생길
바닥난 유랑계 바늘에 마음까지 심란하다.

던져야 해,
자신을
저 물 속의 달처럼
홀로 두둥실 산 위에 올라 부르는 노래는
바람도 춤추지 않는다고…
그런 감동 없는 선율에는

시인이라면 정말,
이백李白처럼 그렇게
생명을 던져 마지막까지 진실로 노래해야 해
익사 전 그 간절한 몸부림을 가슴으로 노래해야 해.

낙화

– 벚나무 아래서

어쩌면 저 꽃에도 영혼이 있는 것은 아닐까
누구도 그 존재를 의심할 수 없는 순수
살포시 땅 위로 내려앉아 또다시 꽃이 된다.

사랑한다면 그렇게 꽃이 진 다음에도 꽃이 될 수 있는 거야
형상은 잠깐 있다 사라져 버리고 마는 것
영원은 결국 네 가슴 속에 별처럼 남는 거야.

원래 그런 거야, 인생이란 슬퍼서 아름다운
그 누구도 거역할 수 없는 흙으로 돌아가야 하는
적멸도 환희의 몸짓으로 벗고 나면 다시 꽃이 되는 거야.

나무, 잎 지다

부르는 소리 있어
아득히 부르는 소리 있어 자리 털고 일어나
풀썩 활개 펼친 저 푸른 한삼 자락 끝, 바람
눈 속의 그 싱그러운 춤사위는 진정 탄생의 환희던가

햇볕도 눈이 부셔 가만히 눈 감으면
수미산, 그보다 더 우람하게 솟아오른 우듬지
쨍– 하고 정수리를 깨는 뙤약볕에도 하늘까지 자라더니

순수하게, 가공되지 않은 기쁨 속에 길을 내고
시간을 따라 돌아가는 자신을 조금도 두려워하지 않는
도대체 저 확신의 뿌리는 얼마나 깊은 곳까지 뻗은 것일까?

감꽃을 쓸며

– 2007년 6월 10일

초록의 그 꽃받침이 6월보다 더 푸르른
감꽃이 저리 낭자히 바닥에 떨어져 있음은
지난밤 세상모르고 잠든 사이
큰 변고가 있었던 모양이다.

한 번 떨어짐은 그래도 병가지상사
그 위의 바퀴자국은 또 무슨 재주로 견뎌
자유란 생명이 다한 후에도 그렇게 기약할 수 없는 것일까?

그 바람의 끝에 서서

세상에,
눈물도 없는 그 마른 모래마저도
울게 한다는 저 고비 사막의 끝
명사산의 바람이 이보다 더 매정할까

꽈배기보다 더 비틀어진 사이프러스 나무를 타고 오르는
그 뜨거운 고호의 바람이
이보다 더 삶을 갈증나게 할까

술에 취해서도
흥이 나지 않고
그리움도, 애증도 일지 않는
무미건조하기만 한 나날들

생명도 이 지독한 불경기에는
한낱 관념처럼 허무하다.

겨울 꽃

세상 꽃 다 지고 난 뒤 가슴 깊이 피는 꽃
그리움 사무치어 모양도 색도 다 없는데
해마다 어머니 제사 때면 어김없이 피어난다.

밤샘 술

그만 가야지 하고 일어서는데
비가 내린다

가만히 생각해 보니
비를 맞고 가야 특별히 할 일도 없어

다시금 죽치고 앉았다 보니
어느새 날이 저물었다.

주룩비 내리는 하늘에는
꿈보다 많던 별도 보이지 않고

시간은 적막강산으로
꿈적도 않는데

생각만 가야 한다며
수십 번 신을 신었다 벗는다.

어디로 갈 건데?
집 아니면 저 하늘나라…

이승은 놀이터가 아니라지만
저승이 이승보다 놀기 좋을까

어차피 질퍽하게 젖었으니
가고 옴을 다 잊어버린다.

이순耳順

처마 끝 낙숫물 소리에 밤새 잠을 설친다

귀가 얇아서일까
속이 허해서일까

혼자는 아직도 젊은이처럼
억세다 생각는데…

진눈개비

춘삼월 들머리에
웬?
때아닌 나비들의 무리춤…

계절의 오고 감이 장주莊周의 꿈이던가

땅 위로 내려앉자 마자
흔적도 없이 사라진다.

고향

돌아갈 곳 없는 사람에겐
어디나 다 고향이다

살구꽃 핀 마을도
눈먼 소녀 없는 산골도

한 줄의 시로만 살 수 있다면
어딘들 고향 아니랴

혼란

나는 내가 누군지 잘 모르겠는데
사람들은 잘 아는 모양이다

장모가 돌아가셨다고
손자 놈의 돌이 되었다고

버젓이
내 이름을 써서
초대장을 보내는 것을 보면…

고해성사

만약 인생이 지금보다 서글프지 않다면
얼마나 더 아름다울까

저 지는 노을도
끊어질 듯 이어지는 저 가녀린 새의 울음
결국은 사라지고 말
내 사랑하는 사람의 아름다운 모습이
지금보다 더 가슴을 저리게 할까

살아 있다는 것은 어쩌면
사라지고 말 것들의 궤적 같은 것
볼록거울에 비친 이상한 내 모습이
피에로처럼 슬프지 않다면

세상은 도대체 얼마나 더
아름다워질 수 있을까?

죽서루에서

장마 뒤 게릴라처럼 출몰하는 국지성 호우에
등燈보다 더 높은 망루에 올랐어도 앞이 보이지 않았다.

그래도 관리실 아주머니는 태연히 마당을 쓸고 있었다.

발 앞 강물은 속이 뒤집혀 흙탕으로 흘러가고
서까래에 걸린 서판에는 모기들이 옹기종기 모였는데
그 모두 내 알 바 아닌 듯 낙엽만 쓸고 있었다.

사람도 문 없는 누각과 더불어 살다 보면
닫힐 마음도 닫을 마음도 다 없이 되는 걸까
그 누가 부처가 된다 한들 이보다 더 태연할까

이제, 그만 손을 펴십시오

나는 알고 있습니다.
푸른 별 이 지구에 살고 있는 우리 모두가 하나인 것을.
비록 풍토가 다르고
역사가 상이한 곳에서 산다 해도
원래 우리는 한 핏줄, 한 형제로 태어났음을
나는 알고 있습니다.

나는 보았습니다.
거친 모래바람을 피해 두른 복면 속의 그 푸른 눈동자들이
나와 다르지 않다는 것을
그들도 우리처럼 생명이 있는 것을 사랑하고
아름다운 것을 소중히 한다는 것을
나는 그 깊고, 푸른 눈을 통해 보았습니다.

또 나는 보았습니다.

총을 든 전사들의 손에서
그들의 아픈 과거와
긍지와 자존을 지키려는 힘겨운 노력을…
그래서 그들이 든 총과 칼이
누구를 해치기 위한 것이 아니라
스스로 자신을 지키기 위한 것임을…

하지만 친구여!
지금 당신은 아무런 생각 없이 당신의 두 손 안에
불쌍한 여린 새들을 붙들고 있습니다.
당신의 그 푸르고 큰 눈으로 당신의 손을 보십시오.
드높은 기개와 긍지로 불끈 쥔 당신의 그 손을 보십시오.
아무런 힘도 없이
다만 공포에 질러 바들바들 떨고 있는 생명들이
보일 것입니다.

그들을 불쌍히 여겨 주십시오.
제발, 분노로 꽉 움켜쥔 그 손을 활짝 펴 주십시오.
비록 전사의 이름으로 총을 든 당신이라 할지라도
당신 또한 아름다운 것을 아름답다고 생각하며
생명 있는 것을 불쌍히 여기는
우리와 다른 사람이 아니라는 것을 나는 압니다.

그러니 이제 제발 그 손을 활짝 펴 주십시오.
당신의 그 손 안에 있는 여린 새들이
마음껏 하늘로 날아오를 수 있도록
움켜쥔 당신의 그 손을 활짝 펴 주십시오.

산문 밖 세상이
어둠에 잠겼다.

선암사 가는 길

조계산 마른 개울은 지금 한참 동안거 중
이뭣꼬 화두 들고 묵언삼매 정진 중
온 산이 깨우쳐 외칠 그 봄이 오기까지

잎도 다진 강선루降仙樓 그 둘레 꽃나무들
여래의 화신으로 다시 꽃필 그날까지
행자승 마당비 끝에 일만 번뇌는 다 날리고…

선사의 원력에는 무정無情도 성불成佛턴가
원왕생 지극정성에 달이 된 저 무지개 다리
승선교,
원만무편한 달에
천지가 장엄일세.

눈 온 뒷날

면도날만큼 창을 열고
바깥을 내다본다.

떠나 버린 사람의 인정이
북극 바람보다 찬데

사랑이 빙판이 된 땅 위로
노랗게 핀 복수초.

후기

사랑이 시와 하나 되게 하여 주시옵소서.